JN083060

新装版 幸せを運ぶ 宝石の伝説

はじめに

宝石――それは神様が人を幸せにするために創られたものです。

宝石一つひとつが、星々の波動やキャラクターを受けており、私たちに幸運と援助を与えてくれる働きをもっています。

大宇宙のエネルギーと大地のエネルギーを含んだ宝石には、人の精神や身体に影響を与える不思議な力があり、古来より人々は直感的にそれを知っていました。だからこそ、その美しさだけではない魅力を宝石に感じ、魅了されてきたのでしょう。

では、宝石の持つそれぞれの意味は何なのでしょうか。巷で言われている宝石の言葉というのは本当なのでしょうか。

このたび「花の伝説」（たちばな出版刊）に続いて、深見東州氏に主な宝石の詳しい意味、効果を教えて頂きました。

ぜひ、その日の気分や用途に合わせてアクセサリーを選び、よりよい毎日を送ってください。贈り物をする時にも、真にふさわしい宝石を相手の方のために選ぶことで、その方に大きな幸せをプレゼントすることができるでしょう。

花と違い、宝石にはすべていい意味が含まれているそうです。だから宝石と親しみ、愛情をもって眺める時間に比例して、目に見えない宝石の霊力が出てくるそうです。

どうぞ、積極的なハッピーライフが宝石によってもたらされますように。ここに願いをこめて、この本を世にお送りします。

編集部

CONTENTS

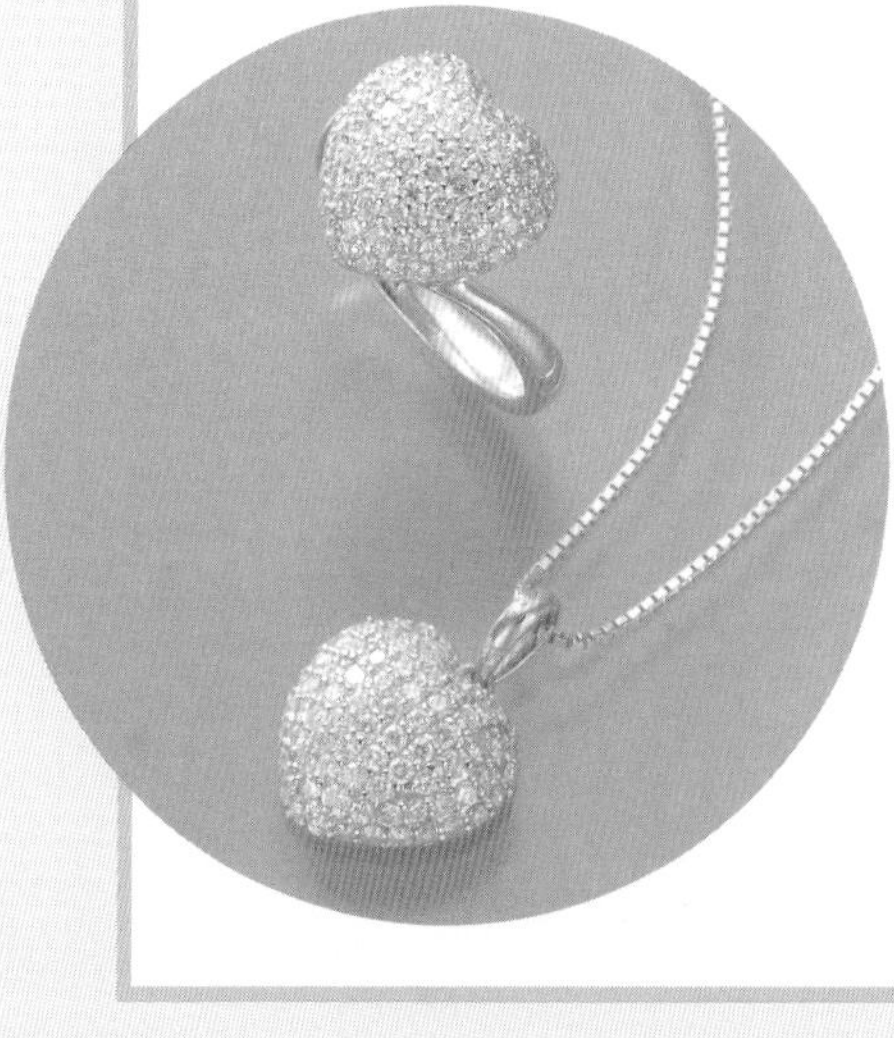

ダイヤモンド◈金剛石◈

心が輝き、表現力がよくなる。
心がきらきら煌めくためのヒント、
アイディア、センス、情感を導く働きがある。
自己表現を豊かに巧みにできる。

Diamond

DIAMOND　ダイヤモンド

最も硬い物質と考えられたため「不屈」を意味するギリシャ語 adamas（征服しがたい）からその名がついている。和名の「金剛石」も、何物にも侵されない硬さを物語っている。その硬さによる永久性と清浄無垢の象徴とされる透明さと、比類なき光輝のために、宝石の王として珍重されている。

1477年、オーストリアのマクシミリアンⅠ世がブルグンディ公の娘メアリーにダイヤの指輪を贈って以来、エンゲージリングとして愛と忠誠を約束するしるしとなった。

歴史上最大のダイヤモンドは、男性の拳より大きい3,106カラットで、イギリスのエドワード７世に献じられ、今でも王冠にはまっている。

○主産地／オーストラリア、ロシア、アフリカ各国、ブラジル、中国、ベネズエラ

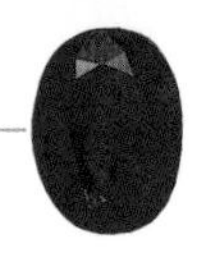

ルビー◈紅玉◈

いらいらした気持ちを和めてくれる。
中途半端なものごとが完成する。
完成するまで導いてくれる。
大いなる志を持とうという気持ちになっていく。
届かない、届かないと思っていたことがらを
ポンと出して、届くようにしてくれる。

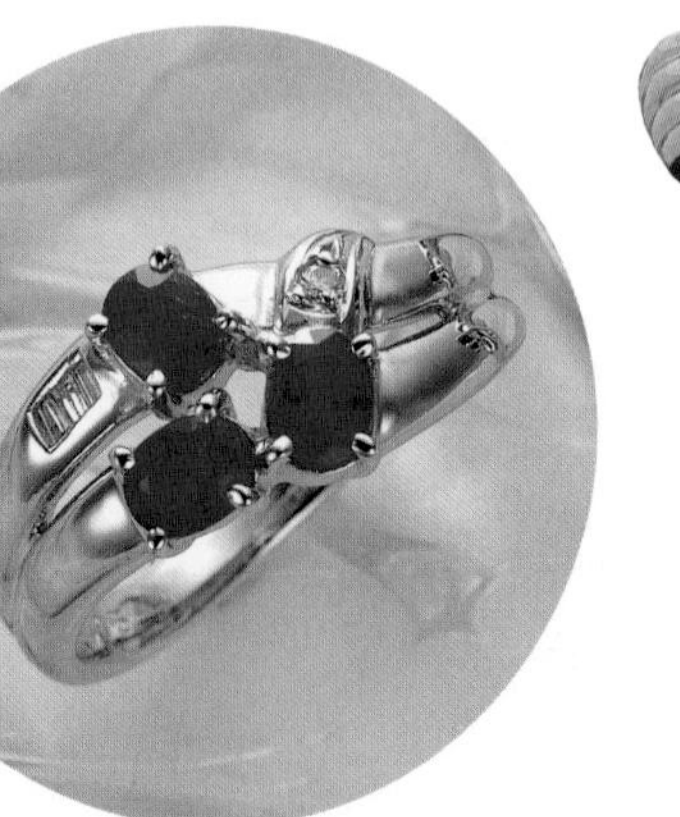

Ruby

RUBY *ルビー*

　和名は「紅玉」といい、ダイヤモンドに次ぐ硬度の深紅色に輝く宝玉。東洋では最も高価な宝石として珍重され、インドでは「宝石の王者」という言葉で呼び、ダイヤモンド以上に尊ばれ、宝石史においても、宝石の王、女王とみなされている。古代ではウェディング宝石と考えられ、いつの時代にも、愛と結婚、バランス、忠誠と固く結びついている。またこの宝石は太陽を象徴する宝石とされ、この石に人間の血が流れていると信じられ、ルビーの名の起源はラテン語のRuber（赤色）に由来する。

○主産地／ミャンマー、スリランカ、タイ、ベトナム、タンザニア、ケニア、アフガニスタン、インド

サファイア ◆青玉◆

色恋沙汰で成功するという宝石。
誠実な恋愛かどうかは、その人次第だが、
一応は、成功に導いてくれる。
訥弁が能弁に変わっていく。
悪いものを避けよう、
よけようという直感が働いて、
災いから身を守ってくれる。

Sapphire

SAPPHIRE サファイア

ダイヤモンドに次ぐ硬度を持つ宝石の中で、赤色以外の全てをサファイアと称し、無色・青色はもとより、ピンク・緑・紫・黄色などがあり、中でも濃青色が最も高価とされ、和名では「青玉」と呼ばれる。

その名前は、ギリシャ語では sappheiros、ラテン語の sappirus に由来し、青色を意味している。

○主産地／ミャンマー、スリランカ、タイ、オーストラリア、アメリカ（モンタナ州）、タンザニア、中国、インド（カシミール）

トパーズ ◈黄玉◈

広がりを助長する。
心も夢も大きくなり、
間柄も広くなる。
少し緻密さに欠けるので、繊細すぎる
人は、特にこれを持つとよい。

Topaz

TOPAZ トパーズ

和名では「黄玉」といい、黄色・橙色からピンクのインペリアル・トパーズと無色・青色・淡褐色を示すタイプがあり、色の範囲は広いが黄金色が最も高価。

サンスクリット語のtapas「火」に由来し「火の石」、「黄金の石」として尊重された。古代エジプトでは、その黄金色の輝きが、生命の与え手である太陽神ラーの象徴であると信じられた。

○主産地／ブラジル、パキスタン、メキシコ、アフリカ、スリランカ、ミャンマー、ロシア、ジンバブエ

エメラルド
◆翠玉◆

強弱のバランスがとれて円満になる。
人と人とが引っ張り合ったり離れたりして、
付き合い方のバランスがうまくとれていく。
人と人の仲立ちをする、あるいは
人と人との出会いを作ってくれる。
この三大功徳が大きな特徴で、
体力の消耗が激しいときにこれを持っていると、
ある程度補給されたり、維持されたりする効果がある。

Emerald

EMERALD *エメラルド*

和名を「翠玉」といい、ベリル宝石（緑柱石）の中でも一番有名で高価な宝石。

ペルシャ語の「緑」から名づけられ、古来からダイヤモンドよりも、伝説や数多くの物語に満ちみちている。最初のエメラルドはエジプトの紅海に近い砂漠で発見された。クレオパトラは好みの大使にエメラルドを与え、シーザーは治療のためにこの石を沢山集めたという。中世では女性の貞節を守り、夫の愛を保たせる宝石と信じられていた。

○主産地／コロンビア、ブラジル、ザンビア、ロシア、ジンバブエ、パキスタン、南アフリカ

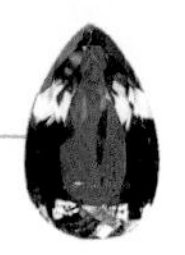

アクアマリン◆藍玉◆

抽象的なアイディアが具体化する。
抽象的なことばかり考えている人が持つと、
事が具体化、実現化する。

Aquamarine

AQUAMARINE アクアマリン

和名は「藍玉」といい、ラテン語の「海水」を意味するベリル宝石の一種である。

神話によると、はじめは海底にいる美しい海の精の宝物であったものが、海辺に打ち上げられて宝石になったという。順調な航海を祈る船乗りのマスコットにされ、また沈着、勇敢の象徴であるともされた。

○主産地／ブラジル、ロシア、スリランカ、ナイジェリア、マダガスカル、パキスタン

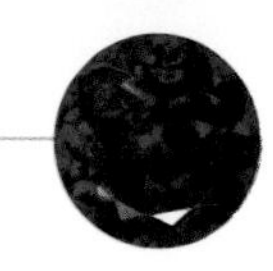

ガーネット◆柘榴石◆

悟りの前の段階までを整えてくれる。
目のまえの事柄や形あるものに、
心がとらわれなくなる。
長い目でものを見られるようになる。
人生を粋に感じたり、 出会いに喜びを見つけたり、
あらゆることを
自然に享受するようになる。

Garnet

GARNET ガーネット

和名は「ざくろ石」。ガーネットの名前は、この石が岩石の中で種のように散らばっているため、ラテン語のgranatus（種）に由来する。

色は無色から黄・橙・緑色などあるが、深紅色のものが最も人気があり高価。

ノアの箱舟の中で明かり代わりに、この石をつり下げたという伝承がある。また赤色からの連想により血の意が生じ、戦場での怪我よけの護符（お守り）として古くから身に付けられた。

○主産地/インド、タンザニア、スリランカ、マダガスカル、アメリカ、カナダ、ブラジル、パキスタン

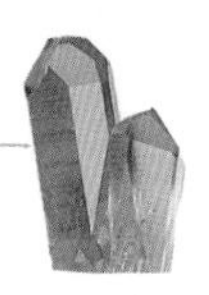

ロッククリスタル◆水晶◆

誓いを立てたことが成就する。
平衡感覚、平均感覚が研ぎ澄まされてくる。
違いをはっきりと認識、区別できるようになる。
その結果、何が足りないか、どうしたらいいのかが見えて
願いが成就する。

Rock Crystal

ROCK CRYSTAL *ロック・クリスタル*

和名は「水晶」。結晶系の宝石の代表的なものである。クリスタルの名前はギリシャ語の「透明な氷」krystallosに由来する。

水晶球は古代からあり、フランスやイギリスの墳墓から多くみつかっている。アメリカインディアンは、水晶の中に生命の力が宿っているものと見なしていた。世界最大の水晶球は、ニューヨークの国立博物館の50キログラム。

○主産地/ブラジル、マダガスカル、アメリカ、スイス、ミャンマー、スリランカ、日本

アメジスト◆紫水晶◆

弱気になったときに強いパワーを与えてくれる。
くよくよしそうなときに勇気づけてくれる。
心が萎えたときに自分に相応しい人が現れて、
アドバイスを与えてくれる。
虚弱体質の人が持っていると、
強く健やかになるために何が必要か、
どうしたらいいかというアイディア、志が湧き、
さらに友達が現れる。

Amethyst

AMETHYST アメジスト

和名では「紫水晶」と呼ばれ、アメジストの名前はこの色がワイン色に似て酒を連想することから、ギリシャ語の「酔わせない」Amethusto'sに由来している。そのためこの石の着用は、悪酔いを防ぐのに効果があると信じられていた。

淡いライラック色から濃紫色まで様々な色合いがあるが、紫色ないし赤紫色のものが最も高く評価されている。

○主産地／ブラジル、ウルグアイ、ロシア、メキシコ、南アフリカ、ウガンダ、マダガスカル、韓国

ペリドット
◆橄欖石◆

優しい心が芽生えてくる。
相手の意に添うような言葉、
思いやりのある態度やお世話が
できるようになる。
財布の中に入れていると、
空になる寸前にお金が入ってくる。
運勢が落ち込んでいる時は、それ以上落ちなくなる。
いかなることも最低ラインを維持して、
最低ラインの経済状態、最低ラインの暮らし、
最低ラインの生活になるのを防いでくれる守り石。

Peridot

PERIDOT ペリドット

　和名では「かんらん石」と呼ばれている。油っぽい色が特徴のため、オイル・グリーンと称されるものもある。色は黄緑色を中心としているが、オリーブ・グリーンといわれる特有の黄緑色が代表とされる。

○主産地/エジプト(セント・ジョン島)、アメリカ、ミャンマー、中国、パキスタン

翡翠（ひすい）◆硬玉◆

あわて者に落ちつきが出てくる。
意志が強くなる。
人知れず、向上、努力する心が
目芽えてくる。

Jade

JADE ジェード

和名は「翡翠」。中国で最も高価な宝石とされた。古代アステカ人も金やダイヤモンド以上に重んじ、神殿や墳墓に沢山の彫り物として使われた。ジェードの名前は、スペイン語の「横腹、腰の石」piedra de hijadeに由来する。

漢字で翡翠と書かれるが、緑色だけではなく白・黄・橙・赤・青・淡紫・黒など７色以上の色合いがある。

○主産地/ミャンマー北部（カチン州）
中国では全く産出しない。

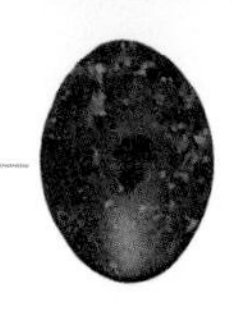

オパール◆蛋白石◆

意欲や向上心がそがれてやる気がなくなるが、
精神の苛立ちがおさまって、
落ちつきと安心が醸し出されていく。
安らぎを与えてくれる人や、
勇気づけてくれる人との出会いをつくってくれる。
知恵はそがれるが、摩訶不思議な眼が備わる。
中年女性か、そういうものが必要な女性が持つとよい。

Opal

OPAL オパール

この宝石はかなりの水分を含む石英の一種で、和名を「蛋白石」という。その名は「宝石」を意味するサンスクリット語に派生。いつの時代にも一番人気の高い宝石のひとつで、オクタビアヌス帝はローマ帝国の三分の一をオパールのために売ろうとした、という伝承がある。この石が珍重される最大の理由は、七彩のきらめく光の効果（遊色効果）が神秘的とされているため。虹のイメージが沢山表現されればされるほど値打ちも高くなる。

○主産地／オーストラリア、メキシコ、ブラジル、アメリカ、チェコ、タンザニア、ペルー

ムーンストーン ◆月長石◆

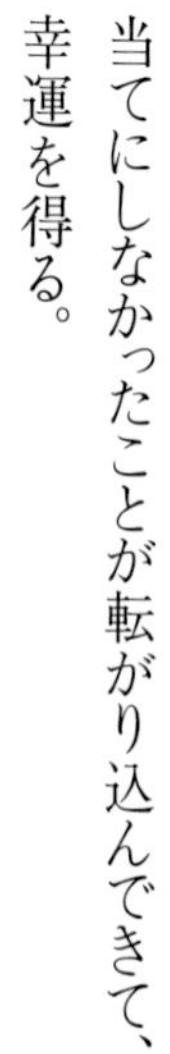

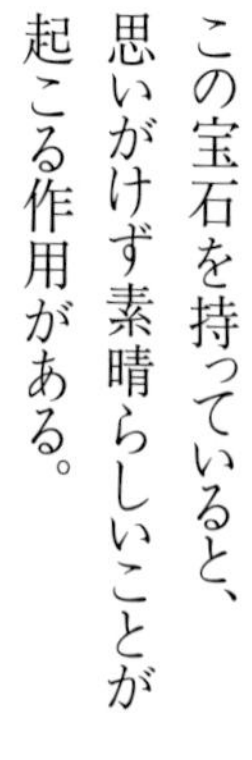

当てにしなかったことが転がり込んできて、
幸運を得る。
この宝石を持っていると、
思いがけず素晴らしいことが
起こる作用がある。

MOONSTONE ムーンストーン

和名では「月長石」といい、主として正長石よりなる。シラー効果（陰のある特有の青白い光の現象）が特徴で、なめらかな美しい真珠の光沢をもつ宝石。通常は乳白色であるが、ピンク・青・緑・白など、さまざまな繊細な色合いを放つ。古来からこの石はムーンマジック（月のおまじない）として使われてきた。夜の旅人、とくに月夜の海上を旅する人の守護石として「旅人の石」とも呼ばれ、古代の人々にとっては希望を表す宝石である。

○主産地／スリランカ、ミャンマー、インド、マダガスカル、タンザニア

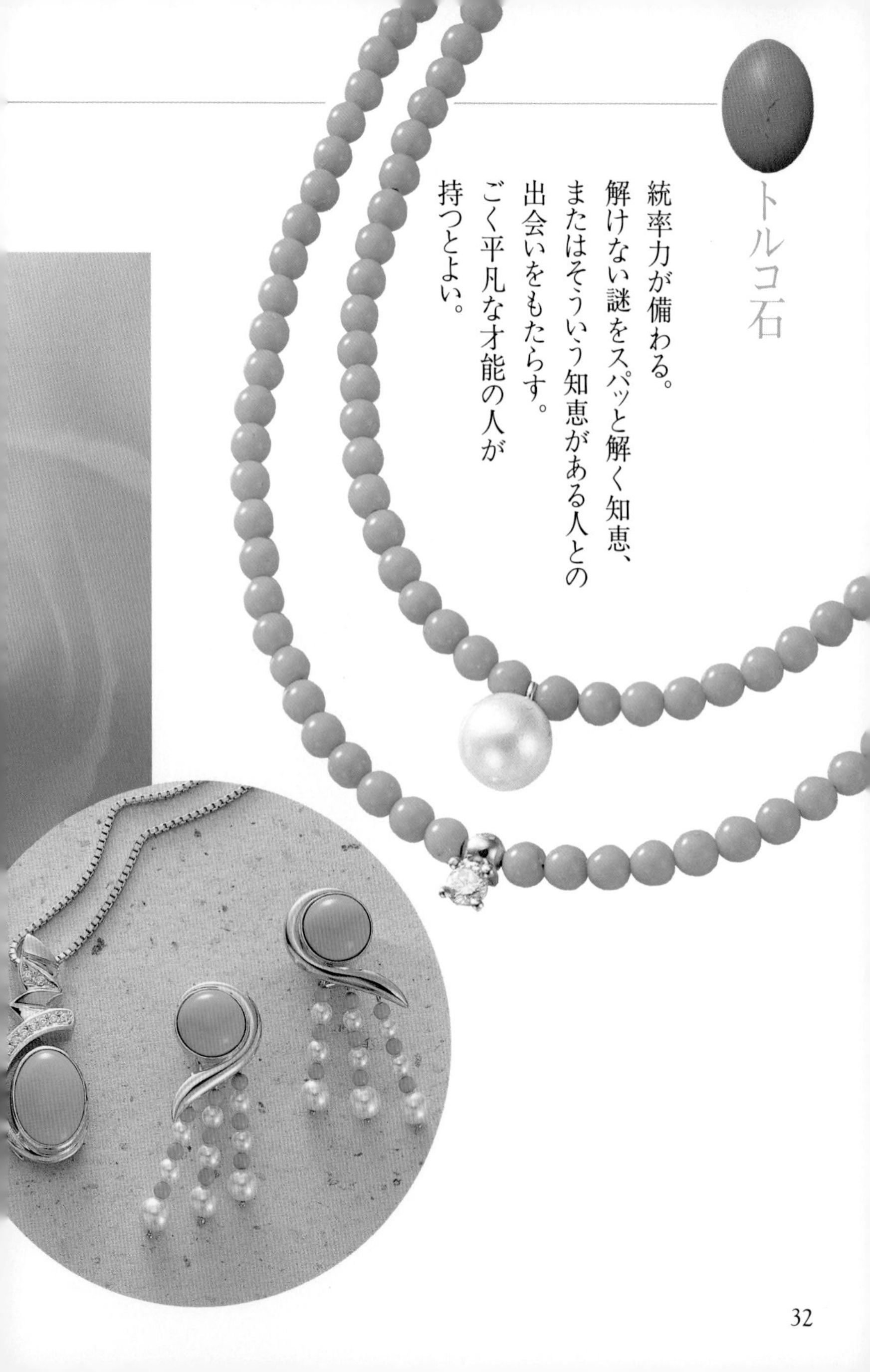

トルコ石

統率力が備わる。
解けない謎をスパッと解く知恵、
またはそういう知恵がある人との
出会いをもたらす。
ごく平凡な才能の人が
持つとよい。

Turquoise

TURQUOISE トルコ石

トルコ産と思いがちだが、トルコには昔から今日までこの石は産出していない。古くからイランとシナイ半島で産出され、トルコ人の隊商によってヨーロッパに持ち込まれたためにトルコ石と呼ばれている。特徴色は、空青色ないし緑青色であるが、各産地によって色調、比重などに多少の差異がある。多くの場合、褐色または黒色の網の目状の模様を示すものがあり、これを「ネット」と呼び、欧米では珍重されている。

○主産地／イラン、シナイ半島、アメリカ南西部、メキシコ、中国、ブラジル、オーストリア

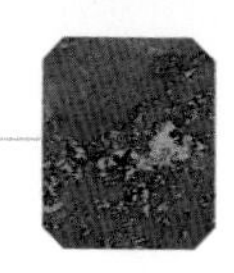

ラピスラズリ ◆青金石◆

天空より知恵を受ける。
その知恵によって
自ずと道を身につけることができる。
ものが成っていく。
忍耐力を養ってくれる。
この二つの功徳により、
オールマイティーな機知の働きが起きる。

Lapis Lazuli

LAPIS LAZULI *ラピスラズリ*

わが国でも七宝の一つ「瑠璃（るり）」として昔から珍重された宝石で、紀元前三千年のエジプト時代に遡ってその流行を見ることができる。

ラテン語でラピス（lapis）は石を、ラズル（lazur）は青色を意味し、青色石そのものの名が石名の起源である。

○主産地/アフガニスタン、カザフスタン、チリ、ミャンマー

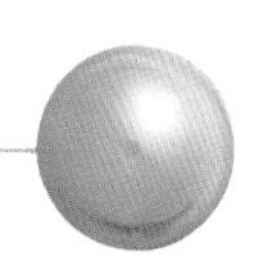

パール

◆真珠◆

社会的、肉体的、精神的に困ったとき、
救い主が現れる。
向上意欲をかきたててくれる。
精神力をつけてくれる。
女性が特にパールをつけるのは、
自分を救ってくれる王子様の出現を期待するあらわれ。

PEARL パール

日本では古くから「シラタマ（白珠）」と呼ばれ、中国では「珍珠」と呼ばれた。玉は岡の宝、珠は海の宝というが、この美しい珠を古代の人々は露の固まったもの、月の雫、あるいは稲妻の光からできたなどと想像した。

貞節・純粋、誠実、平和を象徴し、月の女神ダイアナにとっては聖なる宝石である。古代インドでは、ビシュヌ神の魔法の首輪につけられた5つの石の一つで、地球を悪天候から守る作用があると信じられていた。

○主産地／日本、中国、ミャンマー、タイ、オーストラリア、インドネシア、タヒチ、ペルシャ湾

コーラル ◆珊瑚◆

金銭以外の全てを満たしてくれる働きがある。
精神力、知力、徳分、意志力などが
自然に満ちてくる。
寂しいとき、儚(はかな)いとき、満たされないときに
身につけるとよい。
水につけるとこの働きが十倍強くなる。
雨の日には特に持っていたい。

Coral

CORAL コーラル

有機物の骨が無数に集まって固化した、海からの贈り物。厳密には宝石、鉱物ではない。日本では「珊瑚」と呼ばれ白珊瑚が多く採れるが、ピンク色や深紅色の種類が珍重され高価である。インドでは人々の聖なる護符に使われ、中国では「太陽の祭壇」が赤珊瑚でつくられていた。ナバホ族は「雨神」に珊瑚とトルコ石のネックレスをかけた。ギリシャ神話にも花が石化して珊瑚になった、という物語がある。

○主産地／日本近海、東シナ海、太平洋海域、地中海

Spinel

ブルースピネル ◆尖晶石◆

口実を設けて難を逃れる宝石。
たとえ心が邪（よこしま）であっても、ピンチの時、非難された時に
万人の味方をしてくれるピンチ脱出の宝石。

SPINEL *スピネル*

古い時代には、赤い色のスピネルはルビーに、青色石はブルー・サファイアなどと同一視されたり、混同されていた。和名は「尖晶石」といい、災いを防ぐ力があると信じられていた。

○主産地／スリランカ、ミャンマー

Beryl

ベリル

中途半端で投げやりの人が持てば、
最後まで貫き全うしようという意力、
やる気がふつふつと出てきて、
不撓不屈の精神を養う。
成績が中~下の生徒に持たせるとよい。
原稿書き、物書きにもよい。

BERYL *ベリル*

主な色には、無色・海水青色・ピンク・黄色・黄金・黄緑・淡緑・赤などがある。海水青色はアクアマリン、ピンク色はモロガナイト、黄緑色はヘリオドール、無色はゴッシェナイト、珍しい赤色はビキシバイトという。

○**主産地/ブラジル、マダガスカル、アメリカ、ナミビア**

トルマリン◆電気石◆

人間嫌いが治る石。
人付き合いがよくなり、人間を愛するようになる。
自閉症の人、
どもりの傾向がある人、非社交的な人、
人前での話が不得意な人が持つと、人間嫌いが治り、
どんな人ともスムーズにつき合えるようになる。
優れた和魂（にぎみたま）になる作用がある石。

Tourmaline

TOURMALINE トルマリン

和名では「電気石」と呼ばれ、加熱あるいは摩擦によって、容易に電気を帯びる性質がある。トルマリンの名前はスリランカのシンハリ語の turmali にその語源を発したといわれる。

他のいずれの宝石より多彩な色があり、無色から赤・ピンク・黄・緑・青・紫・褐色・黒色まであらゆる色のものがみられる。

○主産地/ブラジル、アメリカ、タンザニア、ケニア、ジンバブエ、マダガスカル、モザンビーク、ナミビア、ロシア、ミャンマー、スリランカ

Zircon

ジルコン◆風信子石◆

どうやって病気を治したらいいのか、
どうすれば健康になれるかの端緒が開かれる。
医者が持っていると、
その端緒がいつも浮かんでくる。
精神の葛藤からどうやったらまぬがれるか、
行き詰まりをどうすれば
打開できるのかの端緒も開かれる。

ZIRCON *ジルコン*

和名の「風信子石」は、ジルコンの古名「ヒヤシンス」の当て字であり、ジルコンの名は、アラビア語の zarquin（朱の意）、またペルシャ語の zargun（金色の意）に関連するといわれている。

色はかってダイヤモンドの代用として用いられた無色透明のものから青・黄・赤・橙・褐色、さらにグリーン・ジルコンとしては、帯黄緑色・鮮緑色・暗緑色まで幅広い色がある。

○**主産地／タイ、スリランカ、ミャンマー、ベトナム、オーストラリア、ブラジル、アメリカ**

Iolite

アイオライト◆菫青石◆

詐欺にあう時助けてくれる。
絶体絶命の時に身を守ってくれる。
カシオペアに坐す女神様の左目の結晶。

IOLITE *アイオライト*

和名では「菫青色」と呼ばれ、アイオライトの名は、ギリシャ語で青色の宝石を意味するvioletに由来する。

通常は濃い青色であるが、ブルー・サファイアと同じ青色を示し間違われやすい。

○主産地/スリランカ、ミャンマー、マダガスカル、タンザニア、インド、アメリカ、ナミビア

ローズクォーツ◆紅水晶◆

愛情をそそげば相手に通ずるという
働きが第一。
あとはロッククリスタル（水晶）に準じる。
水晶系統は、どれも悪いところがない宝石。

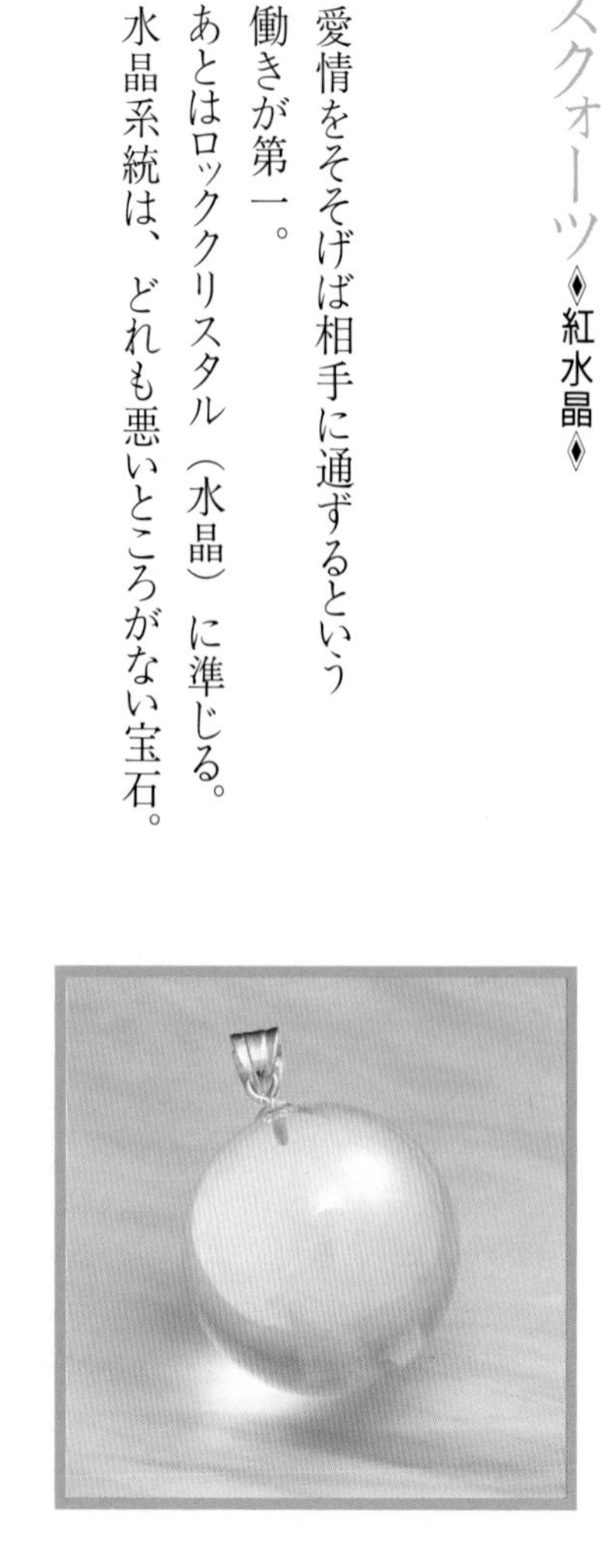

Rose Quartz

ROSE QUARTZ ローズクォーツ

水晶類のうちで通常の結晶形を示さず塊状で産するものがあり、そのひとつがこの宝石。

和名を「紅水晶」という。濃いローズ・ピンクから無色に近い淡色のものまであり、色が濃い目で、透明度の高いものほど人気がある。

○主産地／ブラジル、マダガスカル、南アフリカ

Citrine Quartz

シトリンクォーツ◆黄水晶◆

自由自在な発想を生む。
頑固者や堅物人間が身につけると、
自由自在な発想、アイディアが面白いほど浮かんでくる。
ただし、しまりのない人が持つと、
手の施しようがない人間になってしまい、
まとまりがつかなくなる。

CITRINE QUARTZ *シトリンクォーツ*

和名では「黄水晶」と呼ばれ、時にトパーズのフォールス・ネームで呼ばれることもある。シトリンの名はその色が柑橘類のシトロンに似ていることに由来する。

○主産地／ブラジル、マダガスカル、イギリス、スペイン

Aventurine

アベンチュリン◆砂金石◆

自己嫌悪を克服できる。
自分がよく見えて、自惚れも目芽えるが、
自己嫌悪を回復させる霊力がある。
自己顕示欲の強い人は、持たないほうがよい。

AVENTURINE *アベンチュリン*

インド翡翠とも呼ばれ、多数の雲母混入によって、きらきら輝くアベンチュリン効果を示すものが最もよく知られている。

古代チベット人は、この石で仏像を飾り付けた。幻視の力を象徴的に表現できるため、とくに目に当たる部分にこの石を使った。

○主産地/インド、ブラジル

Blue Aventurine

ブルーアベンチュリン

最低に陥った人が、
起死回生の一打を出してヒットする。
どん底になっている人が回復していく。
最低状態が一挙に回復して、
成功する。

BLUE AVENTURINE
ブルーアベンチュリン

本来はサファイア・クォーツの名であるが、青色のクロシドライト（石綿）の繊維状組織が配列的に内包し、グリーン・アベンチュリン・クォーツに類似しているため、この名称で呼ばれている。

○主産地／オーストラリア、ブラジル、ナミビア

Chalcedony

カルセドニー◆玉髄◆

アンドロメダ系の宝石。
細心の気配りが足りない人は、
細心の気配りができるようになる。
あまり繊細な人は、
この石を持たないほうがよい。

CHALCEDONY *カルセドニー*

めのう類の中で色が比較的一様なものをカルセドニー「玉髄」という。色は天然産ではブルー、着色したものでは白、淡灰色がある。

○主産地/ブラジル、ウルグアイ、インド、アメリカ各州、南アフリカ、ナミビア

Carnelian

カーネリアン
◆紅玉髄◆

自分よりも身分の低い人を救うときの宝石。
年齢や立場が自分よりも低い人を救ったり、
助けるときにこれを持っていると、
相手の弱みや哀しみがわかってきて、
助けてあげることができる。
この石を水につけておくと、
人の弱みや哀しみがわかってきて、
どうやって人を導けばいいかが浮かんでくる。

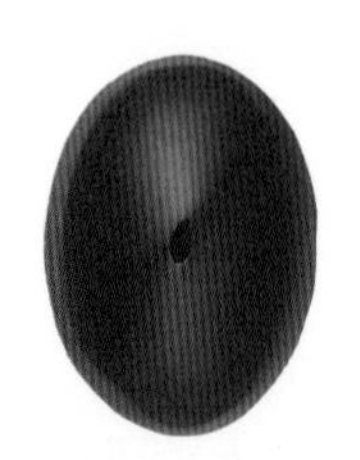

CARNELIAN *カーネリアン*

和名を「紅玉髄」といい、カルセドニーの中で、赤色が一様に入っているものをカーネリアンと呼ぶ。

メノウ類の中で最も人気がある歴史ある宝石で、赤・橙・赤茶・朱・黄褐色からサビ色まで多彩で柔らかな光沢を持ち、何世紀もの間、印鑑や印章に使用されてきた。

ラテン語の「肉」carneusに由来している。古代エジプト人は、この石から虫や動物を彫りだし、死者の守護石として王墓に埋葬した。古代の戦士たちは敵にうち勝つための勇気と力を求めてこの石を首にかけたという。

○主産地/インド、ブラジル、ウルグアイ

Chrysoprase

クリソプレーズ

気後れせずに堂々と自己アピールできる。
引っ込み思案の人には救いの宝石。
外交的な人が持てば、やや我が強く、
情緒性を欠くようになる。

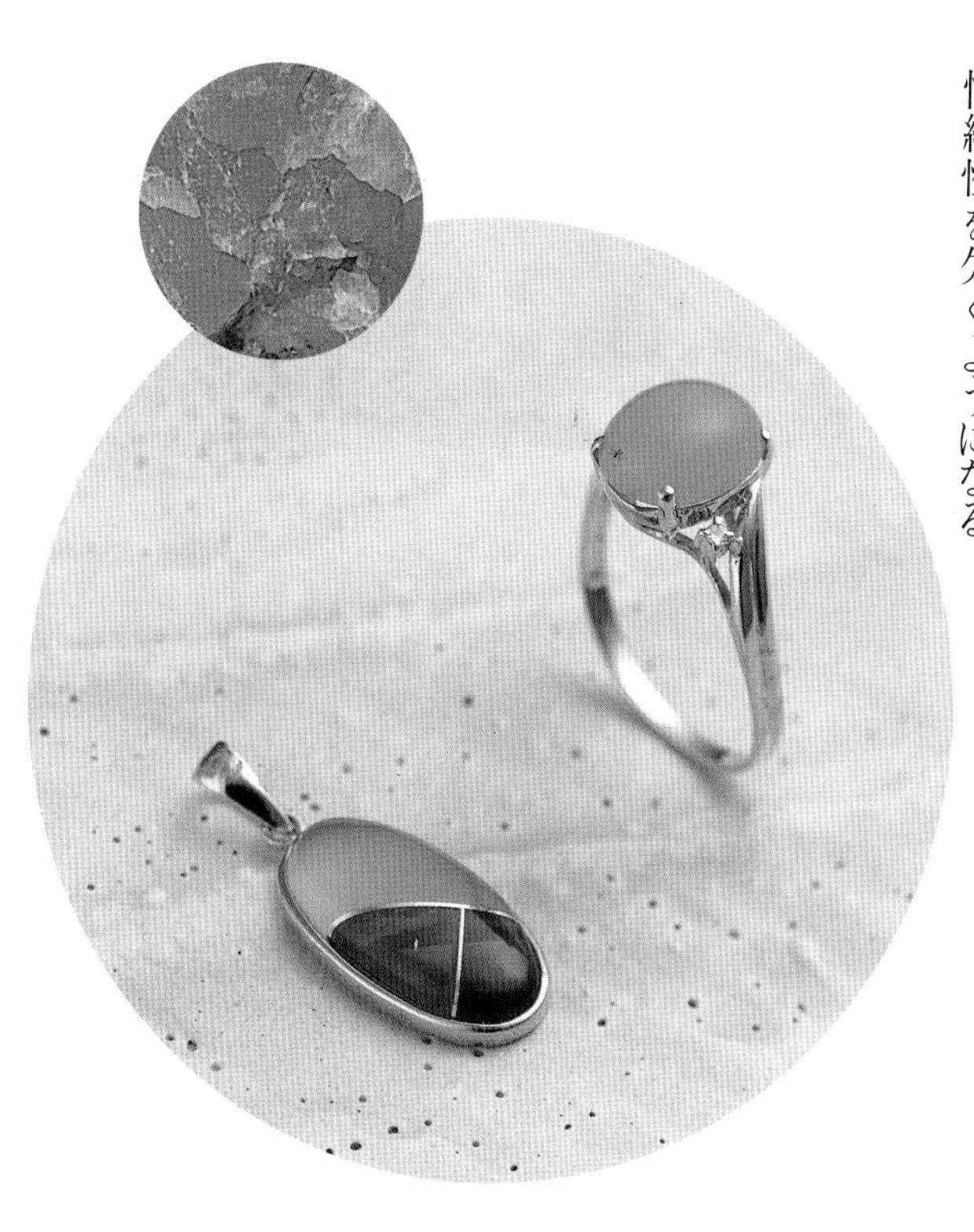

CHRYSOPRASE *クリソプレーズ*

ニッケル成分によるアップル・グリーン〔青りんご〕色の天然カルセドニーである。オーストラリア特産で、翡翠と類似しているためオーストラリア・ジェードのフォールス・ネームを持っている。

アレクサンダー大王は、この石を護身符として戦いを勝ち抜いたという。

○主産地/オーストラリア

アゲート ◆瑪瑙(めのう)◆

邪気を吸収して除霊する、魔除けの宝石。
自分にとって悪いものを払い除ける、
霊力を持つひもろぎの石。
火や水のないところならば、
ただ、良いもの、悪いものが寄ってくるだけだが、
火と水があり、真心を込めて祈れば、
悪いものを払い除ける力を発揮する。

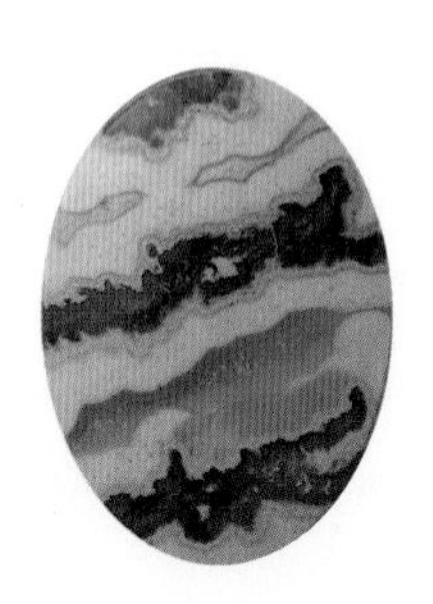

AGATE アゲート

めのう類の中で、縞目があるものをアゲートという。古い時代からの宝石でわが国でも七宝の一つとして珍重されてきた。名は、それが発見されたイタリアのシシリー島の川の名achatesにその起源を発している。

縞目のみならず、斑状、紋状、波状、点状など千変万化の模様を示すものが世界各地で産出する。

○主産地/インド、ブラジル、メキシコ、ウルグアイ、アメリカ各州、日本

Banded Agete

縞瑪瑙（しまめのう）

理想、希望が叶えられるまで、
がんばろうという根気、
やる気、覇気を備えさせてくれる。
そのためのエネルギー、人、あるいは学習の方向などを
導いてくれる。

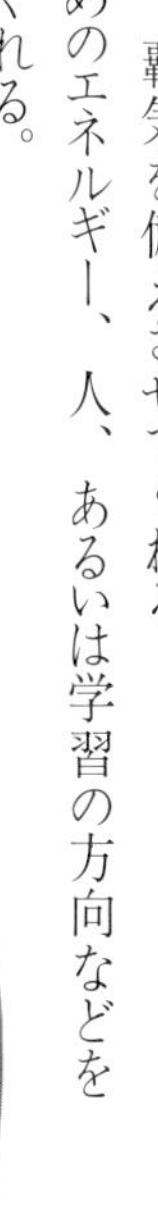

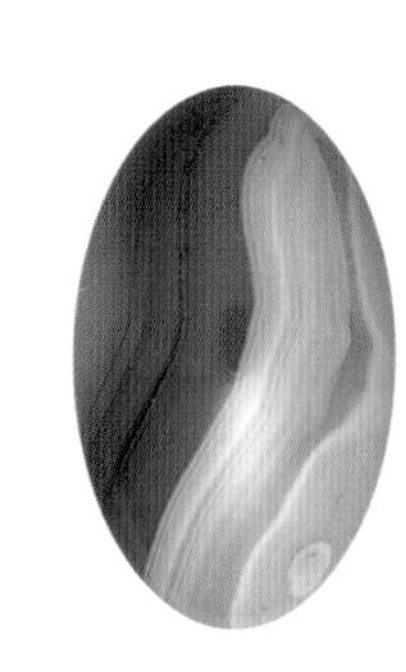

Blue Lace Agate

ブルーレース

相手に約束させることができる宝石。
プロポーズの時に持つとよい。

BLUE LACE AGATE

ブルー・レース・アゲート

縞めのうの一種であるが、美しいレース模様の縞目を示すところからこの名がついている。上品な感じの淡青色の色合いと縞模様が大きな魅力となっている。

○主産地/ナミビア

Sardonyx

サードニックス◆赤縞瑪璃◆

少年が持つと、実行不可能な夢を追い求めすぎる。
若い人が持つと、気分爽快になり、
やる気が出てきてエネルギッシュに活動するが、
自爆自棄になる傾向がある。
40代くらいからこの石を持つと、
意気消沈しているときにはやる気が復活する。
30代後半から40代、50代にかけて持つ石。
60歳くらいまでが限度。中吉と小凶をもっている石。

SARDONYX *サードニックス*

赤白の縞模様を持つ、つまり「赤縞瑪瑙」をいう。褐色がかった赤色のものは、縞目の有無に関わらずサードと呼ばれている。

○主産地／インド、ブラジル、ドイツ

Jasper

ジャスパー ◆碧玉◆

高嶺の花を射止める幸運の宝石。
自分の不安定さや恐怖心を和らげるために、
あるいは、片想いの恋や叶わぬ恋を成就したい人に
身につけてほしい宝石。

JASPER ジャスパー

メノウに似た硬さのもっともポピュラーな不透明な石。赤・緑・黄色を始め、これらの色が混じりあってさまざまな模様を示すものがある。

聖書には、赤いジャスパーがよく出てくる。アメリカインディアンたちは、ジャスパーをラビングストーン(こすり石)に使い、〝雨を呼ぶ石〟と呼ぶ部族もあった。赤いジャスパーは地下水を探知するのに使われた。この石が大地への感覚を強めたためと思われる。またインディアンにとって、この石は夜間の見えざる危険から身を守ってくれると信じられていた。

○主産地/世界的に広く分布。日本では佐渡、青森、島根が有名。

郵便はがき

料金受取人払郵便

荻窪局承認

8059

差出有効期限
2023年3月
31日まで
(切手不要)

167−8790

(受取人)
東京都杉並区西荻南二丁目
20番9号 たちばな出版ビル
(株)たちばな出版

「新装版
幸せを運ぶ 宝石の伝説」係行

フリガナ		性別 男・女
お名前		生年月日 年 月 日
ご住所	□□□-□□□□	TEL ( )
ご職業	□ 会社員・公務員 □ 会社役員 □ 自営業 □ 学生(小学・中学・高校・大学(院)・専門学校)	□ 主婦 □ パート・アルバイト □ その他( )

アンケートハガキを送るともらえる 開運プレゼント! 毎月抽選

パワースポット巡り
DVD

&

パワーストーン・ブレスレット

(女性用)

サンストーン・金・パールは
最強の組合せ!

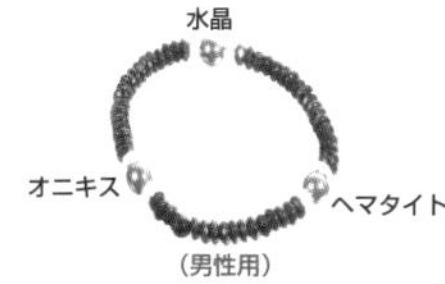

(男性用)

魔を払い、願いが叶いやすくなる!

プレゼント付き

読者アンケート

「新装版 幸せを運ぶ 宝石の伝説」

★ 本書をどのようにしてお知りになりましたか？

①広告で（媒体名　　　　　　　　　）②書店で実物を見て
③人にすすめられて　④インターネットで見て
⑤書店での手相占いフェアで　⑥その他（　　　　　）

★ 本書をお買い上げの動機はなんですか？（いくつでも可）

①書店でタイトルにひかれたから
②書店で目立っていたから
③著者のファンだから
④新聞・雑誌・Web で紹介されていたから（誌名　　　　　　）
⑤人からすすめられたから
⑥その他（　　　　　　　　）

★ 本書をお読みになってのご意見・ご感想をお聞かせください。

★ ご感想・ご意見を広告やホームページ、本の宣伝・広告等に使わせていただいてもよろしいですか？

①実名で可　②匿名で可　③不可

ご記入いただきました個人情報は、DM 等による、弊社の刊行物・関連商品・セミナー・イベント等のご案内、アンケート収集等のために使用します。

ご協力ありがとうございました。

Bloodstone

ブラッドストーン
◆血石・血玉髄・血碧玉◆

意にそぐわない人が自然に消えていく。
しかし、幸運の人も逃げてしまう可能性がある。
瑪瑙と併用すれば、両方の宝石が呼び合い、
幸運の人も逃げない。

BLOODSTONE ブラッドストーン

ジャスパーの仲間の中でもっとも有名な宝石。濃緑色の、いわゆる碧玉の地に血赤色の斑点の点在するものをいう。

多くの伝承が見られイエス・キリストが十字架にかけられたとき、その傷口からしたたる鮮血が緑色の地面に落ちて石に変わったといわれ、ブラッド（血）ストーンと呼ばれている。キリスト時代以前、古代ギリシャではヘリオトロープの名で知られ、「太陽の回転」を意味し、血の色の中に太陽を映しだしている、と信じられていた。

○主産地／インド

Tiger's Eye

タイガー・アイ◆虎目石◆

自己再発見の宝石。
自分の長所、短所がわかってくる。
失恋後、自己を再発見し、自分の幸せと
才能、才覚を追求していくという宝石。
失恋の後三カ月くらい、持っているとよい。

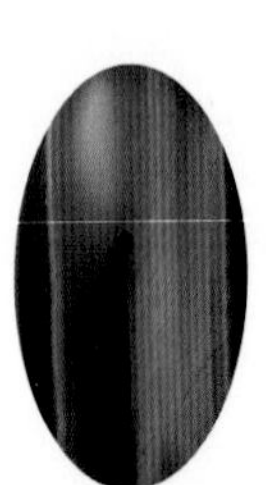

TIGER'S EYE *タイガー・アイ*

和名では「虎目石」と呼ばれる。トラの目に似た光の効果がありこの名がある。通常は黄褐色であるが青色のものもある。

古代ローマ人は、この石が吉運をまねくとし、護符を造ったという。

世界で唯一南アフリカ西部のグリカランド地区でしか産出しない。

○主産地/南アフリカ

Kunzite

クンツァイト

集中力を破壊する石。
知的産業には向かない。
芸術方面に生きる人にはよい。
ルビーとともに持てば大吉の作用が増幅して
凶運は消える。

KUNZITE *クンツァイト*

和名の「ゆうき石」の中で、ピンク色のものをクンツァイトと呼んでいる。クンツァイトの名前は、宝石の権威者クンツ博士の名にちなんで命名されている。色はライラックの花のように、ピンク色の中に菫色がかって見える魅力的な色合いを示す。

○主産地/アメリカ、ブラジル、マダガスカル、アフガニスタン

Unakite

ユナカイト

逆らう者を従順にさせるだけの、
ゆとりある精神と優しさと寛容性、
そして説得力と豊かなる気品を与えてくれる。
白山菊理姫の神様の身につけておられる宝石のひとつ。

UNAKITE *ユナカイト*

黄緑色の不透明の地に、ピンク色・濃緑色、あるいは白色の小斑点が点在する石で、この名前は、アメリカのノースカロライナ州のユナカ山地から産出することに由来する。

○主産地/アメリカ（ノースカロライナ州ユナカ山地）、ジンバブエ

Hematite

ヘマタイト◆赤鉄鉱◆

ピンチに陥ったときに、
苦肉の策でしたことが当たる。
苦肉の策が一発当たって、
成就へいたるまでの道、
プロセスが敷かれていく。

HEMATITE ヘマタイト

和名では「赤鉄鉱」あるいは「鏡鉄鉱」と呼ばれる。「ヘマ」はギリシャ語で「血」を表し、その赤色粉末が真っ赤に染まるところから、古くは「血石」、ブラッド・ストーンと呼ばれた。

○主産地／イギリス、イタリア（エルバ島）、スイス、ブラジル、メキシコ、アラスカ、ノルウェー

サンストーン◆日長石◆

眠れる才能を見いだしてものにする、
全エネルギーが眠っている宝石。
才能発見の糸口となる、人との出逢いや
仕事場、チャンスを与えてくれる。
今の年代にしなければならない事柄は何なのか、
そのタイミングをわからせてくれる。
黄金、真珠とともに持てば、
自己アピールができるようになる。
アンドロメダ星雲より来たる石。

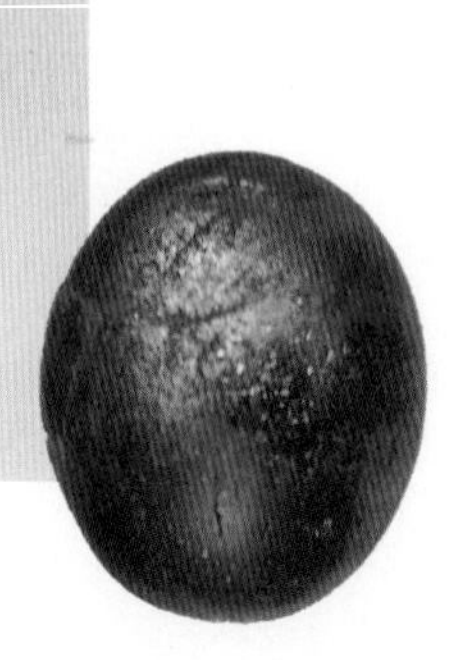

Sunstone

SUNSTONE サンストーン

　和名は「日長石」。黄金色から赤褐色のきらきらした光輝を放ち、ムーンストーンの月に対して太陽の名称がつけられている。

○主産地/インド、ノルウェー、カナダ、アメリカ

Amazonite

アマゾナイト

女性が持てば大吉、男性が持てば大凶。
米粒の中におけば、女性を幸せにする米になる。

AMAZONITE アマゾナイト

緑青色から空青色までの色があり、緑青色の強いものは翡翠に類似し、空青色の鮮やかなものはトルコ石の色を示す。

名前は、アマゾン川付近で発見されたことに由来するといわれるが、アマゾン川地域では産出しない。

○主産地/アメリカ（コロラド州）、ブラジル、マダガスカル、ロシア

Labradorite

ラブラドライト

金・銀・財宝・宝石を集めるが、
ひとたび邪(よこしま)な心を持てば、一瞬のうちに離れていく。
鎧甲に身を包み、出陣せんとするときに祈れば、
たちまち守護を与えてくれる宝石。
下駄の鼻緒に入れておけば、
歩くほどに金運招来の財運を呼ぶ下駄となる。

LABRADORITE ラブラドライト

カナダのラブラドル半島で主に産出するためにこの名がついている。

熱帯の美しい蝶の羽を思わせるような青色の閃光と、ときには緑色をはじめ各色の虹色効果、あたかも青鮑貝のような輝きでよく知られている。

○主産地／カナダ（ラブラドル半島、ニューファウンドランド島）、マダガスカル、フィンランド、アメリカ（オレゴン州、ユタ州）

ロードナイト◆薔薇輝石◆

地中深く埋もれていても、
真の輝きを持つ者を引き立てる宝石。
膝から下につければ、晩年豊かな日々を送ることができる。
地中に埋めて置くと、家運は3倍向上するが、
その上に不浄なるものを置くと、
家運は衰退して一家離散となる。

RHODONITE *ロードナイト*

和名では「薔薇輝石」と呼ばれ、ロードとはギリシャ語のローズ、つまりバラのことである。

ピンク色の地に、しばしば黒色斑点、あるいは黒色の脈状模様を伴うのが特徴。ごくまれに透明なものが発見される。

○主産地/オーストラリア、アメリカ各州、ウラル、スウェーデン、日本、中国

Apatite

アパタイト◈燐灰石◈

人知れず為す苦労に報いる宝石。
複雑で困難なことを、
あっさり解決する方法を与えてくれる。

APATITE *アパタイト*

和名は「燐灰石」といい、色は無色・ピンク・赤・黄・緑・青・紫と多彩。美しい色合いのため、しばしば他の宝石の代用として使われる。

○主産地/メキシコ、ミャンマー、スリランカ、ノルウェー、カナダ、マダガスカル、タンザニア

タンザナイト

精神の苛立ち、葛藤、迷い、悩みに対して、
抜群の調整機能を発揮する。
自己調整、心の調整を計る石。
アンモナイトとともに持てば、
無敵のはがねの如き精神と、
頭脳の作用のバネを発揮する。

Tanzanite

TANZANITE タンザナイト

1967年、タンザニアで発見されたブルーの透明ゾイサイトをタンザナイトという。ブルー・ゾイサイトが正式名称だが、アメリカで名づけられた商品名のタンザナイトの方が一般になじみ深くなっている。

○主産地/タンザニア、ケニア

Sodalite

ソーダライト◈方曹達石◈

道を開いてくれる宝石。
セールスマンが持てばよい。
友と飲食しながら持てば、艶やかなる美女と会える。
水兵さんが持てば大吉中の大吉。

SODALITE ソーダライト

和名を「方曹達石」といい、青色塊状のものが宝石用となる。通常は半透明か不透明の濃青色で、ラピスラズリの重要な構成鉱物である。

- 主産地/カナダ（オンタリオ州）、アメリカ、ノルウェー、ブラジル

Flower Obsidian

フラワーオブシディアン ◆黒耀石◆

色気を増幅させ、
セクシャルな雰囲気を醸し出す誘惑の宝石。
無味乾燥な女性が持つとよい。
もともと色気のある女性が持つと、
色気過剰でいやな感じになる。
若い人に艶やかな感じを与える。

FLOWER OBSIDIAN フラワーオブシディアン

和名では「黒耀石」と呼ばれる。溶岩質の天然ガラスで、黒光りする石に大きな白色斑が点在する。

○主産地/メキシコ、アメリカ、日本、アイスランドなどの火山地帯

フルオライト◆蛍石◆

親戚縁者の不幸を
たちまちのうちに吉に転じる宝石。
ややこしいいざこざを、
やすやすと乗り越えていくことができるようになる。

Fluorite

FLUORITE フルオライト

和名では「蛍石」と呼ばれる。紫外線による蛍光作用が顕著なのがその名の起源である。フルオライトの名前は、ラテン語の「流れ」fluereに由来する。

色は無色・酒黄色・黄・緑・赤・紫・褐色など変化に富んでいる。

○主産地/イギリス、アメリカ、中国、メキシコ、ナミビア、カナダ、ドイツ、イタリア

ロードクロサイト◆菱マンガン鉱◆

幼児が持てば大吉だが、歳をとった人間は、労働意欲がそがれる。
気を緩和し中和し、エネルギーを弱に変えて、気をみなぎらせる働きがある。
25歳までの人が持つとよい。

Rhodochrosite

RHODOCHROSITE *ロードクロサイト*

和名は「菱マンガン鉱」。ロードクロサイトの名前は、この石がピンク色の不透明であることから、ギリシャ語の「バラ」rhode、「色」chromに由来する。

○主産地/アルゼンチン、アメリカ(コロラド州)、日本、メキシコ、南アフリカ

マラカイト◆孔雀石◆

陣中見舞いを受ける石。

必死で戦っている時や苦境にあえいでいる時に、味方になってくれるような人との出会いを導く。

ただし、平穏無事な人が持つと、遊惰安逸に流れる傾向が出て、虚弱になる。

お見舞い、陣中見舞いに行く時に持つと、相手を慰め、大いに喜ばれる効力を持つ。

悩みごとを持つ人、いじめにあっている人、いつもストレスがたまっていじけた性格になっている人が持つと、ストレスが緩和していじめにあわなくなる。

いじめにあう人が持つ石。

Malachite

MALACHITE マラカイト

鮮やかな濃青色の不透明石で、同心円状の美しい縞目模様を示す。この模様が孔雀の羽根を思わせることから、和名では「孔雀石」と呼ばれる。

マラカイトの名前は、ギリシャ語の「銭葵」malacheに由来する。

○主産地/ザイール、ナミビア、アメリカ（アリゾナ州、ユタ州）、メキシコ、ザンビア、オーストラリア、ロシア

琥珀（こはく）

尊大で傲慢気味で嫌みの多い人間が持つと、
謙譲の美徳を持つようになる。
頑固者が持つと、我を省みる心が自然に出てきて、
みんなから好かれる麗しい人間になる。
気が優しくおどおどしている人は、
あまり持たないほうがよい。
素朴でいい持ち味が出てくるという霊性を持つ石。

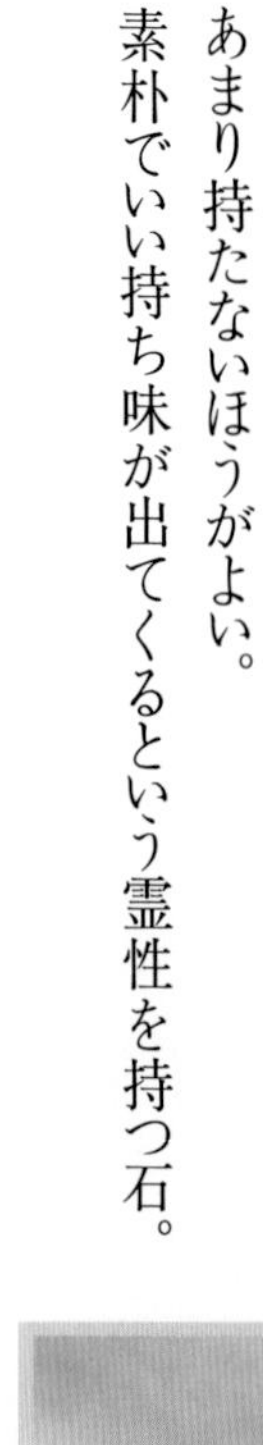

Amber

AMBER アンバー

和名では「琥珀」といい、地質時代の第三紀の松柏科植物の樹脂が、地中で化石化したもの。色は主として黄色または褐色であるが、赤みや白みを帯びているものもある。

○主産地／バルト海沿岸、ルーマニア、ドミニカ、ミャンマー、イタリア（シシリー島）、中国、メキシコ

Azurite

アズライト◆藍銅鉱◆

長所を発見するチャンスがもたらされる。
才能を見いだす発見の宝石。
猫のいるところ、鳥のいるところに置くと、
強運作用が増幅される。

AZURITE *アズライト*

和名では「藍銅鉱」。俗に「ブルー・マラカイト」ともいわれる。アズライトの名前は、その色がazure「アジュール青色」であることに由来する。

○主産地/フランス、ナミビア、アメリカ、オーストラリア

貴金属の神秘力

金

財徳が集まり逃げないという徳。
人にだまされないという徳。

金

金は4000年から5000年前のカルディアで宝飾品として製造されており、人類の「文化」発生とともに、ほとんどの人に最も愛された貴金属である。産出量が少なく非常に高価で、錆びることがなく美しい色や光沢が不変であること、耐久性が極めて高く、展性と延性が豊かで細工や加工が容易であることなど、宝飾品として、あなたと同様あなたの宝石を大切にしてくれる。

銀

精神の安定をもたらす。
気合いが充実している時に持つと
萎えてしまうので、
勝負の前にはあまり持たないほうがよい。
人から相談を受ける時、人に相談をする時に、
なくてはならない必需品。

銀

19世紀以前は、それこそあらゆる宝石の細工用に使われ、とくにダイヤモンドの宝飾品の引き立て役にはなくてはならなかった。銀の特性は、金のように延展性がすばらしく、比較的安価であるため、細工用として多くの人々から愛好されている。

プラチナ

物事の中心、本質が見えて、
ポイントがうかがいしれて、
寸分も狂うことがない。
中庸の徳。
どこが一番得意なのかのポイントを教えてくれる。

Platinum

プラチナ

1819年～1825年にかけて、当時のロシアの鉱床で発見されたのがプラチナの始まりで、19世紀の末にはコロンビア、カナダ、南アフリカ、アメリカでも鉱床が発見された。宝飾品としての用途は、金、銀と同じであるが、わが国では実質的に最も高い価値として認められている。プラチナは和名で白金と呼ばれ、純粋のままでは軟らかすぎ、合金化したものを用いて使われる。その銀以上の色合いのよさが多くの人々に愛好されている。

結婚記念日と宝石

結婚指輪、婚約指輪はなぜ左手薬指にはめるの？

古代ギリシャ人は、左手の薬指が心臓とつながっていて、その血管がとくに親密な情操を表わすと信じられていたという伝承によるものが、一搬的に知られている左手薬指の由来です。

国や地域によって、婚約指輪、結婚指輪をはめる指が違っています。ロシア、ドイツでは右手の薬指に、台湾では女性が右手の薬指、男性が左手の薬指に、また東南アジアでは、足の指にはめるというところもあります。

結婚記念日に贈る宝石

年目	名称	宝石
1年目	結婚式	
2年目	綿婚式	
3年目	革婚式	
10年目	錫婚式(アルミ婚式)	
15年目	水晶婚式	◆クォーツ
16年目		◆トパーズ、
17年目		◆アメジスト
18年目		◆ガーネット
20年目	磁器婚式	
23年目		◆サファイア
25年目	銀婚式	◆シルバー
30年目	真珠婚式	◆パール
39年目		◆キャッツアイ
40年目	ルビー婚式	◆ルビー
45年目	サファイア婚式	◆サファイア
50年目	金婚式	◆ゴールド
55年目	エメラルド婚式	◆エメラルド
60年目	ダイヤモンド婚式	◆ダイヤモンド

さくいん

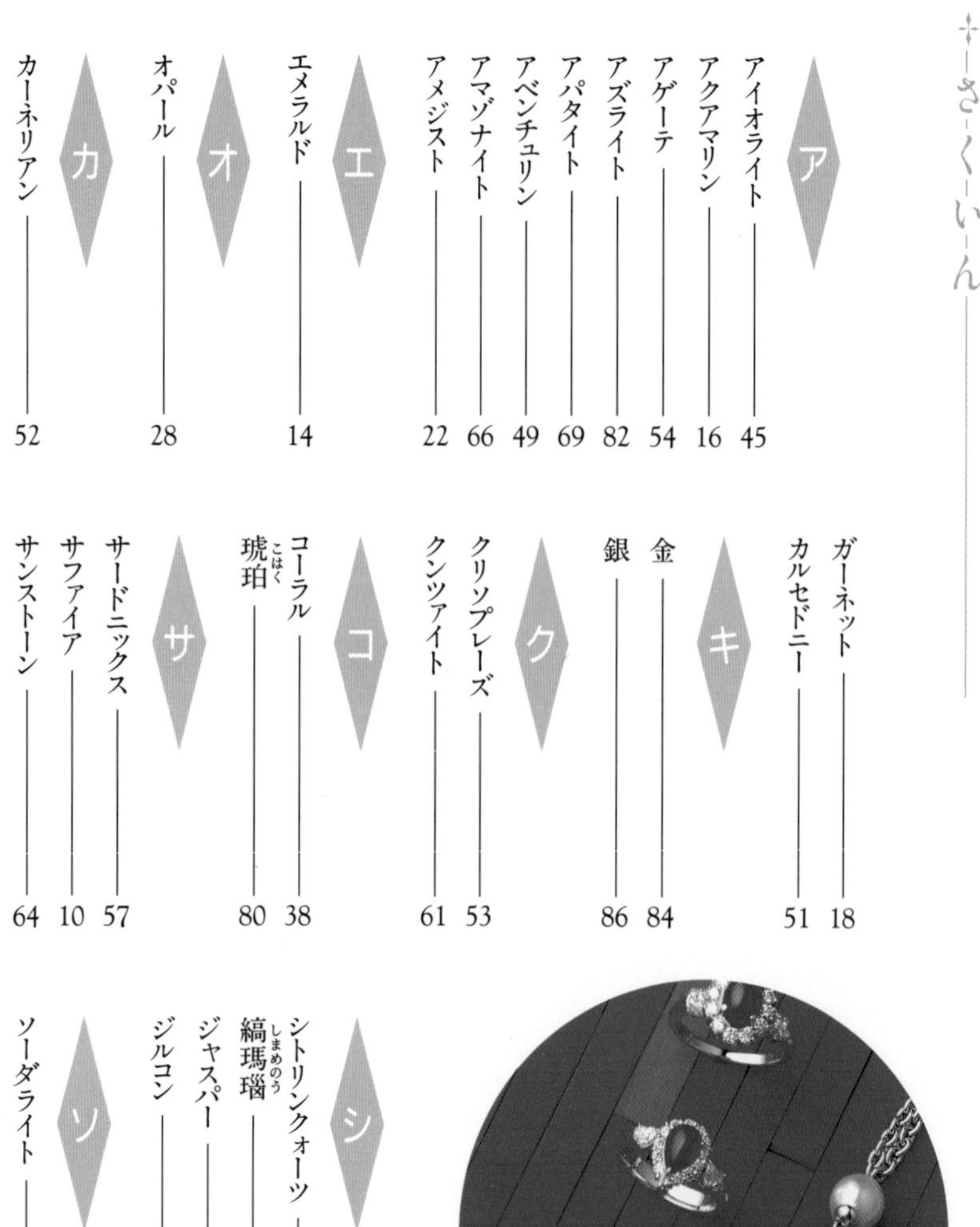

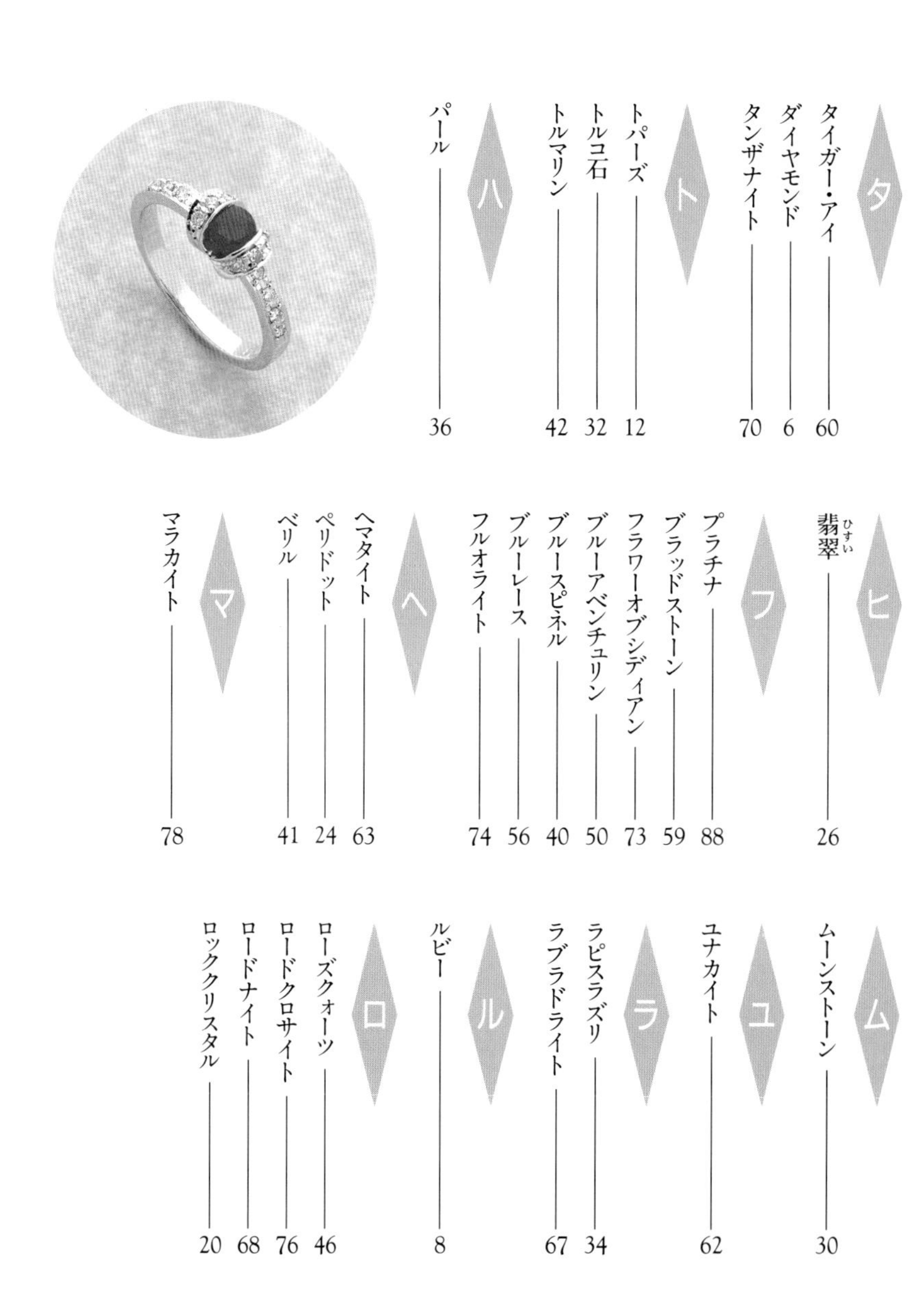

深見東州
(ふかみ とうしゅう)
プロフィール

本名、半田晴久。別名 戸渡阿見(ととあみ)。1951年に、甲子園球場近くで生まれる。

著作は、186万部を突破した『強運』をはじめ、ビジネス書や画集、文芸書やネアカ・スピリチュアル本を含め、300冊を越える。CDは111本、DVDは54本、書画は3417点。テレビやラジオの、コメンテーターとしても知られる。

その他、スポーツ、芸術、福祉、宗教、文芸、経営、教育、サミット開催など、活動は多岐にわたる。それで、「現代のルネッサンスマン」と呼ばれる。しかし、これらの活動目的は、「人々を幸せにし、より良くし、社会をより良くする」ことである。それ以外になく、それを死ぬまで続けるだけである。

海外では、「相撲以外は何でもできる日本人」と、紹介される事がある。しかし、本人は「明るく、楽しく、面白い日本人」でいいと思っている。

(2021年2月現在)

編集協力
環境デザイン研究所

デザイン
村上祥子
安田美千代
市尾なぎさ

写真協力
近山晶宝石研究所
タッチ・ストーンズ
坂口商会
エス・アンド・ティ・スタジオ
AM

新装版
幸せを運ぶ 宝石の伝説

2021年4月30日　初版第一刷発行

監　修　深見東州
発行人　杉田百帆
発行所　株式会社　たちばな出版
〒167-0053　東京都杉並区西荻南2-20-9
たちばな出版ビル
電話　03-5941-2341（代）
FAX　03-5941-2348
ホームページ https//www.tachibana-inc.co.jp/
印刷・製本　凸版印刷株式会社

ISBN978-4-8133-2697-7